COMO CONSTRUIR CONFIANÇA NAS CRIANÇAS

Estratégias comprovadas para desenvolver resiliência, autoestima, promover confiança e sucesso no mundo competitivo de hoje

ALINA ROBERTSON

Isenção de responsabilidade

As informações fornecidas neste livro são apenas para fins educacionais e informativos e não pretendem substituir aconselhamento, diagnóstico ou tratamento médico profissional. Sempre procure o conselho de seu médico ou outro profissional de saúde qualificado com qualquer dúvida que possa ter sobre uma condição médica. O autor e editor deste livro não são responsáveis por quaisquer efeitos adversos ou consequências resultantes do uso das informações aqui apresentadas. Os leitores assumem total responsabilidade por suas próprias ações e decisões.

ÍNDICE

Introdução

Na jornada de paternidade e cuidado, um dos presentes mais profundos que podemos oferecer às crianças é o desenvolvimento da confiança. "Como aumentar a confiança nas crianças" é o seu guia para compreender e cultivar essa qualidade essencial nas mentes jovens confiadas aos seus cuidados.

Compreendendo a importância da confiança nas crianças

A confiança é a pedra angular sobre a qual as crianças constroem o seu futuro. É mais do que mera autoconfiança; é a base da autoconfiança que os capacita a enfrentar os desafios da vida com resiliência e determinação. Veja por que a confiança é crucial para as crianças:

1. **Excelência Acadêmica:** Crianças confiantes abordam o aprendizado com entusiasmo e curiosidade. Eles

abraçam novas ideias de boa vontade, fazem perguntas e se envolvem ativamente no processo de aprendizagem, levando ao sucesso acadêmico e a um amor eterno pela aprendizagem.

2. **Florescimento Social:** A confiança permite que as crianças formem conexões significativas com seus colegas, comuniquem-se de forma eficaz e naveguem nas interações sociais com facilidade. Eles se afirmam, expressam pensamentos e sentimentos e constroem relacionamentos positivos baseados no respeito e na compreensão mútuos.

3. **Aceitar desafios:** Crianças confiantes veem os desafios como oportunidades de crescimento e aprendizagem. Eles demonstram resiliência, perseverança e vontade de tentar novamente, mesmo quando enfrentam contratempos ou fracassos.

4. **Perseguição de metas** : Tendo a confiança como base, as crianças são encorajadas a estabelecer metas ambiciosas e a trabalhar diligentemente para alcançá-las. Eles possuem a autoconfiança e a determinação necessárias para superar obstáculos e transformar seus sonhos em realidade.

5. **Autoimagem positiva:** A confiança promove uma autoimagem positiva e um forte senso de autoestima nas crianças. Eles reconhecem e apreciam seus pontos fortes e talentos únicos, celebram conquistas e encaram a vida com otimismo e autoconfiança.

Compreender a importância da confiança estabelece as bases para apoiar eficazmente as crianças na sua jornada de autodescoberta e crescimento.

Compreendendo a confiança

A confiança é um atributo poderoso que influencia quase todos os aspectos da vida de uma criança. Ele molda suas crenças, atitudes e comportamentos, impactando, em última análise, seu sucesso acadêmico, interações sociais e bem-estar geral. Nesta seção, exploraremos o que realmente significa confiança e por que as crianças precisam desenvolvê-la.

Definindo Confiança e Seus Componentes

A confiança é frequentemente descrita como uma crença em si mesmo e nas suas habilidades. É a convicção interior de que você pode atingir seus objetivos e superar obstáculos. Contudo, a confiança não é uma característica estática; é dinâmico e pode variar em diferentes situações e contextos.

A confiança compreende vários componentes, cada um contribuindo para o sentimento geral de autoconfiança da criança:

1. **Autoeficácia:** Refere-se à crença da criança na sua capacidade de realizar tarefas ou objetivos específicos. Quando as crianças têm elevada autoeficácia, sentem-se competentes para enfrentar desafios, levando a um aumento da motivação e do desempenho.

2. **Autoimagem:** A autoimagem abrange a forma como as crianças se percebem e o seu valor. Uma autoimagem positiva envolve aceitar a si mesmo, reconhecer seus pontos fortes e fracos e sentir-se confortável consigo mesmo.

3. **Autoestima:** A autoestima está relacionada à avaliação geral que uma criança faz de seu valor e valor como

pessoa. Reflete seu senso de autoestima e desempenha um papel crucial na formação de seus níveis de confiança.

4. **Autoconfiança:** Autoconfiança é a crença na capacidade de ter sucesso em diversas situações. Envolve confiança em si mesmo, disposição para assumir riscos e resiliência para se recuperar de contratempos.

Quando estes componentes se alinham harmoniosamente, as crianças desenvolvem um forte sentimento de confiança que as capacita a enfrentar os desafios da vida com coragem e resiliência. No entanto, é essencial reconhecer que a confiança não é uma característica fixa e pode variar ao longo do tempo. Fatores externos, como experiências, feedback de outras pessoas e influências ambientais, podem impactar os níveis de confiança de uma criança.

Os benefícios de construir confiança nas crianças

Construir a confiança nas crianças produz uma infinidade de benefícios que vão muito além das suas circunstâncias imediatas. Aqui estão algumas das principais vantagens de promover a confiança nas mentes dos jovens:

1. **Melhor desempenho acadêmico:** Crianças confiantes abordam o aprendizado com entusiasmo e curiosidade. Eles se envolvem ativamente em atividades em sala de aula, participam de discussões e assumem riscos acadêmicos. Como resultado, muitas vezes eles se destacam academicamente e desenvolvem um amor eterno pelo aprendizado.

2. **Habilidades Sociais Aprimoradas:** A confiança capacita as crianças a

navegar nas interações sociais com facilidade e graça. Crianças confiantes são mais propensas a iniciar conversas, afirmar-se em ambientes de grupo e estabelecer relacionamentos positivos com os seus pares. Eles demonstram empatia, bondade e respeito pelos outros, promovendo um ambiente social de apoio e inclusivo.

3. **Maior resiliência:** A confiança dota as crianças da resiliência necessária para superar obstáculos e contratempos. Crianças confiantes veem os desafios como oportunidades de crescimento e aprendizagem, em vez de barreiras intransponíveis. Eles se recuperam do fracasso com determinação e otimismo, emergindo mais fortes e resilientes do que antes.

4. **Maior independência:** A confiança incentiva a independência e a autonomia das crianças. Crianças confiantes confiam nas suas

capacidades e julgamento, permitindo-lhes tomar decisões e tomar iniciativas em vários aspectos das suas vidas. É mais provável que persigam os seus interesses, explorem novas oportunidades e tracem o seu caminho para o sucesso.

5. **Autoimagem positiva:** A confiança promove uma autoimagem positiva e um forte senso de autoestima nas crianças. Crianças confiantes reconhecem e apreciam suas qualidades, talentos e contribuições únicas. Eles abraçam sua individualidade e celebram suas conquistas, cultivando um senso saudável de autoestima e autoaceitação.

Ao nutrir a confiança nas crianças, nós as capacitamos a realizar seu potencial e prosperar em todos os aspectos de suas vidas. Como cuidadores e educadores, desempenhamos um papel vital em incutir confiança nas crianças confiadas aos nossos cuidados. Através do incentivo, apoio e reforço positivo, podemos ajudar as crianças a desenvolver a autoconfiança e a resiliência necessárias para superar desafios e perseguir os seus sonhos com confiança e determinação.

Identificando desafios à confiança

À medida que as crianças navegam na jornada do crescimento, elas encontram vários obstáculos que podem dificultar o desenvolvimento da confiança. Compreender estes desafios é crucial para pais, educadores e cuidadores, pois permite-lhes fornecer apoio e orientação direcionados para ajudar as crianças a superar estes obstáculos. Nesta secção, exploraremos os obstáculos comuns enfrentados pelas crianças e os factores externos que afectam o desenvolvimento da confiança.

Obstáculos comuns enfrentados pelas crianças

1. **Medo do fracasso:** O medo do fracasso é um desafio generalizado que pode afetar significativamente a confiança de uma criança. As crianças

podem evitar tentar coisas novas ou correr riscos por medo de não ter sucesso. Esse medo pode resultar da pressão para um bom desempenho acadêmico, social ou em atividades extracurriculares.

2. **Comparação com os pares:** Na sociedade competitiva de hoje, as crianças são frequentemente sujeitas a comparações com os seus pares. Quer se trate de conquistas acadêmicas, habilidades atléticas ou popularidade social, as crianças podem se sentir inadequadas quando percebem que estão aquém das outras. Esta comparação constante pode minar a sua confiança e auto-estima ao longo do tempo.

3. **Conversa interna negativa:** As crianças não estão imunes à conversa interna negativa, internalizando comentários críticos ou depreciativos feitos por outros ou por elas mesmas. A

conversa interna negativa pode minar sua confiança e levar a sentimentos de dúvida e inutilidade. É essencial ajudar as crianças a reconhecer e desafiar estes pensamentos negativos, substituindo-os por afirmações positivas e auto-encorajamento.

4. **Perfeccionismo:** Algumas crianças podem lutar contra o perfeccionismo, estabelecendo padrões impossivelmente elevados para si mesmas e tornando-se excessivamente críticas quando não conseguem cumpri-los. O perfeccionismo pode criar um ciclo vicioso de dúvidas e ansiedade, impedindo as crianças de correrem riscos ou tentarem coisas novas por medo de não serem perfeitas.

5. **Bullying e pressão dos pares:** O bullying e a pressão dos pares podem ter um impacto devastador na confiança e na auto-estima de uma criança. As crianças que sofrem bullying podem

internalizar mensagens negativas sobre si mesmas, levando a sentimentos de vergonha, isolamento e inadequação. Da mesma forma, a pressão dos colegas para se conformar a certos comportamentos ou padrões pode minar o sentido de identidade e autenticidade de uma criança.

6. **Falta de ambiente de apoio:** A falta de apoio dos pais, cuidadores ou educadores também pode impedir o desenvolvimento da confiança nas crianças. Quando as crianças não se sentem valorizadas, respeitadas ou encorajadas no seu ambiente, podem ter dificuldade em acreditar em si mesmas e nas suas capacidades.

Fatores Externos que Impactam o Desenvolvimento da Confiança

1. **Influência dos Pais:** Os pais desempenham um papel significativo na formação dos níveis de confiança dos seus filhos. O envolvimento, o incentivo

e o apoio positivos dos pais podem reforçar a autoconfiança e a resiliência da criança. Por outro lado, estilos parentais excessivamente críticos ou exigentes podem minar a confiança e contribuir para sentimentos de inadequação.

2. **Ambiente Educacional:** O ambiente escolar desempenha um papel crucial na formação da confiança e da auto-estima das crianças. Professores solidários, relações positivas entre pares e oportunidades de sucesso podem aumentar os níveis de confiança, enquanto a falta de apoio ou um clima escolar negativo podem minar a confiança e a motivação.

3. **Mídia e sociedade:** As representações da mídia e as expectativas da sociedade podem impactar a percepção que as crianças têm de si mesmas e do seu valor. Padrões de beleza irrealistas,

estereótipos de género e representações de sucesso podem moldar as crenças das crianças sobre o que significa ser confiante e bem sucedido.

4. **Influências comunitárias e culturais:** As normas culturais, as tradições e os valores comunitários podem influenciar profundamente a confiança das crianças. As crianças de comunidades marginalizadas ou sub-representadas podem enfrentar desafios únicos relacionados com a identidade, pertença e aceitação, afetando a sua confiança e autoestima.

5. **Experiências traumáticas:** Crianças que vivenciam traumas ou experiências adversas na infância podem enfrentar problemas de confiança decorrentes de sentimentos de insegurança, medo ou vergonha. É essencial fornecer apoio e recursos informados sobre o trauma

para ajudar estas crianças a curarem-se e a reconstruírem a sua confiança.

Identificar e enfrentar estes desafios e factores externos é essencial para apoiar as crianças no desenvolvimento da confiança e da resiliência. Ao criar um ambiente de apoio e carinho, oferecendo incentivo e validação, e ensinando habilidades de enfrentamento e autocompaixão, podemos capacitar as crianças a superar obstáculos e prosperar com confiança.

Construindo uma base para confiança

Como pai, cuidador ou educador, você tem o poder de estabelecer as bases para a confiança e autoconfiança de seu filho. Construir uma base sólida para a confiança começa com a criação de um ambiente de apoio em casa e com o cultivo da autoestima e da autoimagem positiva de seu filho. Nesta seção, exploraremos estratégias e técnicas práticas para ajudá-lo a promover a confiança nas crianças sob seus cuidados.

Criando um ambiente de apoio em casa

1. **Amor e aceitação incondicionais:** Mostre ao seu filho amor e aceitação incondicionais, independentemente de suas realizações ou deficiências. Deixe-os saber que são valorizados e amados

por quem são, não apenas pelo que fazem.

2. Incentivo e Reforço Positivo: Incentive os esforços e realizações do seu filho, não importa quão grandes ou pequenos. Ofereça elogios específicos e reforço positivo para aumentar sua confiança e autoestima.

3. Comunicação Aberta: Crie um ambiente onde a comunicação aberta seja incentivada e valorizada. Ouça os pensamentos, sentimentos e preocupações do seu filho sem julgamento e ofereça apoio e orientação quando necessário.

4. Estabelecer expectativas realistas: Evite colocar expectativas irrealistas ou pressionar seu filho para que ele se destaque em todos os aspectos de sua vida. Em vez disso, concentre-se em estabelecer metas realistas e comemorar seu progresso e conquistas ao longo do caminho.

5. **Modelar Confiança:** Seja um modelo positivo para seu filho, demonstrando confiança e autoconfiança em suas ações e comportamentos. Mostre-lhes que não há problema em cometer erros, aprenda com eles e incentive-os a fazer o mesmo.

6. **Criando um espaço seguro e de apoio:** Promova um ambiente doméstico seguro e de apoio onde seu filho se sinta confortável para se expressar e correr riscos. Incentive-os a explorar seus interesses e paixões sem medo de julgamento ou crítica.

Nutrir a autoestima e a autoimagem positiva

1. **Promovendo a autodescoberta:** Incentive seu filho a explorar seus interesses, talentos e paixões para ajudá-lo a descobrir seus pontos fortes

e a desenvolver confiança em suas habilidades.

2. **Celebrando a Individualidade:** Comemore as qualidades, talentos e conquistas únicas de seu filho e incentive-o a abraçar sua individualidade. Ajude-os a reconhecer e apreciar as coisas que os tornam especiais.

3. **Oferecer feedback construtivo:** Forneça feedback construtivo para ajudar seu filho a aprender e crescer, mas esteja atento à forma como você o entrega. Concentre-se em destacar seus pontos fortes e oferecer orientação para melhorias de maneira solidária e encorajadora.

4. **Incentivando o diálogo interno positivo** : ensine seu filho a usar o diálogo interno positivo e afirmações para combater pensamentos negativos e aumentar a confiança. Incentive-os a

substituir a dúvida pelo auto-encorajamento e lembre-os de suas capacidades.

5. **Ensinar habilidades de enfrentamento:** Equipe seu filho com habilidades e estratégias de enfrentamento para ajudá-lo a enfrentar desafios e contratempos. Ensine-os a resolver problemas, lidar com o estresse e se recuperar do fracasso com resiliência e determinação.

6. **Cultivando Gratidão e Atenção Plena:** Promova um sentimento de gratidão e atenção plena em seu filho, incentivando-o a se concentrar no momento presente e a apreciar as bênçãos em sua vida. Ajude-os a cultivar uma perspectiva positiva e resiliência diante das adversidades.

Ao criar um ambiente de apoio em casa e nutrir a auto-estima e a autoimagem positiva do seu filho, você está estabelecendo as bases para sua confiança e sucesso na vida. Seu amor, incentivo e orientação irão capacitá-los a enfrentar os desafios da vida com resiliência, otimismo e autoconfiança inabalável.

Técnicas de comunicação eficazes

A comunicação eficaz é fundamental para construir relacionamentos fortes e positivos com as crianças e promover a sua confiança e auto-estima. Ao comunicar de forma eficaz, pode criar um ambiente de apoio e carinho onde as crianças se sentem valorizadas, ouvidas e compreendidas. Nesta seção, exploraremos técnicas práticas para comunicar-se positivamente com as crianças e incentivar a abertura e a expressividade.

Comunicando-se Positivamente com as Crianças

1. **Use uma linguagem positiva:** Escolha palavras e frases que sejam positivas e edificantes ao falar com as crianças. Evite usar linguagem negativa

ou crítica, pois isso pode prejudicar sua confiança e autoestima. Em vez disso, concentre-se em destacar seus pontos fortes e oferecer incentivo e elogios por seus esforços e realizações.

2. **Escuta Ativa:** Pratique a escuta ativa ao se comunicar com as crianças, o que envolve dar-lhes toda a atenção, manter contato visual e mostrar interesse genuíno no que elas têm a dizer. Ouça sem interromper e valide seus sentimentos e experiências para que se sintam ouvidos e compreendidos.

3. **Seja Empático:** Mostre empatia e compreensão pelos pensamentos, sentimentos e experiências das crianças. Coloque-se no lugar deles e tente ver as coisas da perspectiva deles. Reconheça suas emoções e valide suas experiências, mesmo que você não concorde necessariamente com elas.

4. **Forneça feedback construtivo:** Ao oferecer feedback ou orientação, concentre-se em fornecer críticas construtivas que sejam específicas, práticas e encorajadoras. Evite críticas duras ou julgamentos negativos, pois isso pode ser desmoralizante e minar a confiança. Em vez disso, ofereça sugestões de melhoria e elogie seus esforços e progresso.

5. **Incentive a independência:** Capacitar as crianças a expressarem-se e a tomarem as suas próprias decisões, incentivando a independência e a autonomia. Ofereça orientação e apoio quando necessário, mas permita-lhes a liberdade de explorar os seus interesses, fazer escolhas e aprender com as suas experiências.

6. **Seja acessível:** Crie um ambiente onde as crianças se sintam confortáveis em abordar você com seus pensamentos, preocupações e

perguntas. Seja acessível e tenha a mente aberta e incentive a comunicação aberta sendo receptivo às suas ideias e opiniões.

Incentivando a abertura e a expressividade

1. **Crie um espaço seguro:** promova um ambiente onde as crianças se sintam seguras e protegidas para se expressarem sem medo de julgamento ou crítica. Crie linhas de comunicação abertas e diga-lhes que podem vir até você com qualquer coisa, não importa quão grande ou pequena.

2. **Valide os sentimentos:** Valide os sentimentos e emoções das crianças, reconhecendo-os e aceitando-os sem julgamento. Deixe-os saber que não há problema em sentir uma variedade de emoções e que você está lá para apoiá-los em qualquer situação que possam estar vivenciando.

3. **Incentive a autoexpressão:** Incentive as crianças a se expressarem criativamente por meio da arte, da escrita, da música ou de outras formas de autoexpressão. Ofereça oportunidades para que eles explorem seus interesses e paixões e se expressem de maneiras significativas.

4. **Modelo de Abertura:** Seja um modelo de abertura e expressividade, compartilhando seus pensamentos, sentimentos e experiências com seus filhos de maneira respeitosa e adequada à idade. Demonstre habilidades de comunicação saudáveis e incentive-os a fazer o mesmo.

5. **Envolvimento Ativo:** Envolva-se ativamente com as crianças em conversas e atividades que promovam a abertura e a expressividade. Faça perguntas abertas, ouça ativamente suas respostas e participe de discussões significativas que os

incentivem a compartilhar seus pensamentos e sentimentos.

6. **Respeite os limites:** Respeite os limites e o espaço pessoal das crianças e evite pressioná-las a partilhar mais do que se sentem confortáveis. Deixe-os saber que podem estabelecer limites e que a sua privacidade será respeitada.

Ao comunicar-se positivamente com as crianças e ao incentivar a abertura e a expressividade, você cria um ambiente de apoio e carinho onde elas se sentem valorizadas, ouvidas e compreendidas. Seus esforços para promover habilidades de comunicação saudáveis capacitarão as crianças a se expressarem com confiança e a desenvolverem relacionamentos fortes e positivos com outras pessoas.

Incentivando a Independência e a Resiliência

Incentivar a independência e a resiliência nas crianças é essencial para o seu crescimento e desenvolvimento global. Ao promover a independência na tomada de decisões e ensinar habilidades de enfrentamento e resiliência, você capacita as crianças a enfrentarem os desafios da vida com confiança e adaptabilidade. Nesta secção, exploraremos estratégias práticas para promover a independência e a resiliência nas crianças sob os seus cuidados.

Promover a independência na tomada de decisões

1. **Ofereça opções:** Dê às crianças oportunidades de tomar decisões e fazer escolhas em suas vidas diárias. Ofereça-lhes uma variedade de opções

e permita que selecionem suas preferências. Isso pode ser tão simples quanto escolher o que vestir, o que comer no café da manhã ou que atividade fazer depois da escola.

2. **Incentive a resolução de problemas:** Incentive as crianças a resolver problemas e a superar obstáculos de forma independente. Em vez de intervir imediatamente para oferecer soluções, faça perguntas abertas que os levem a pensar criticamente e a apresentar soluções. Isso ajuda a desenvolver suas habilidades de resolução de problemas e a confiança em suas habilidades.

3. **Fornecer orientação e apoio:** Embora seja importante incentivar a independência, forneça orientação e apoio quando necessário. Ofereça assistência e aconselhamento quando as crianças enfrentam desafios ou tomam decisões difíceis, mas capacite-

as para, em última análise, fazerem as suas próprias escolhas.

4. Comemore os sucessos: Comemore os sucessos e realizações das crianças, não importa quão pequenos sejam. Reconheça os seus esforços e elogie a sua capacidade de tomada de decisão, reforçando a sua confiança e sentido de autonomia.

5. Permitir erros: Incentive as crianças a aceitarem o fracasso como uma parte natural do processo de aprendizagem. Ajude-os a compreender que não há problema em cometer erros e que é uma oportunidade de aprender e crescer. Incentive uma mentalidade construtiva, enfatizando a importância da perseverança e da resiliência diante de contratempos.

6. Aumentar gradualmente a responsabilidade: Aumente gradualmente as responsabilidades e a independência das crianças à medida que crescem e demonstram prontidão. Dê-lhes tarefas e tarefas adequadas à idade para realizarem de forma independente, como arrumar o quarto, preparar o lanche ou fazer o dever de casa.

Ensinando habilidades de enfrentamento e resiliência

1. **Regulação Emocional:** Ensine às crianças formas saudáveis de gerir as suas emoções e lidar com o stress. Incentive-os a praticar respiração profunda, atenção plena ou outras técnicas de relaxamento quando se sentirem sobrecarregados ou ansiosos. Ajude-os a identificar e rotular suas emoções e a validar seus sentimentos sem julgamento.

2. **Habilidades de resolução de problemas:** Ensine às crianças habilidades eficazes de resolução de problemas para ajudá-las a enfrentar

desafios e contratempos. Incentive-os a dividir os problemas em etapas administráveis, debater possíveis soluções e avaliar as consequências de cada opção. Capacite-os a agir e implementar a solução escolhida.

3. **Incentive a flexibilidade:** Promova a flexibilidade e a adaptabilidade nas crianças, ajudando-as a compreender que a vida é cheia de reviravoltas inesperadas. Incentive-os a abordar novas situações com a mente aberta e com vontade de se adaptar às novas circunstâncias.

4. **Construir uma rede de apoio:** Ajude as crianças a cultivar fortes conexões sociais e relacionamentos de apoio com familiares, amigos, professores e outros adultos de confiança. Incentive a comunicação aberta e ofereça oportunidades para as crianças buscarem ajuda e apoio quando necessário.

5. **Conversa interna positiva:** Ensine as crianças a cultivar um diálogo interno positivo e a desafiar pensamentos e crenças negativas. Incentive-os a substituir a dúvida pela autocompaixão e otimismo, lembrando-os de seus pontos fortes e habilidades.

6. **Modelo de resiliência:** Seja um modelo positivo de resiliência, demonstrando habilidades de enfrentamento saudáveis e perseverança diante da adversidade. Compartilhe suas próprias experiências de superação de desafios e contratempos e destaque a importância da resiliência para alcançar o sucesso.

Ao incentivar a independência na tomada de decisões e ao ensinar competências de enfrentamento e resiliência, você equipa as crianças com as ferramentas e a confiança de que necessitam para enfrentar os desafios da vida com resiliência e adaptabilidade. Sua orientação e apoio desempenham um papel vital para ajudar as crianças a desenvolver as habilidades e a mentalidade necessárias para prosperar em um mundo em constante mudança.

Promoção da mentalidade de crescimento e definição de metas

Incentivar uma mentalidade construtiva e o estabelecimento de metas nas crianças é crucial para o seu desenvolvimento acadêmico e pessoal. Ao incutir uma mentalidade construtiva e ensiná-los a definir e alcançar metas realistas, você capacita as crianças a abraçar desafios, persistir diante de contratempos e alcançar todo o seu potencial. Nesta seção, exploraremos estratégias práticas para promover uma mentalidade construtiva e o estabelecimento de metas nas crianças sob seus cuidados.

Incutindo uma mentalidade de crescimento nas crianças

1. **Enfatize o Esforço e a Persistência:** Ensine às crianças que o sucesso não é determinado apenas

pelo talento ou inteligência inatos, mas pelo esforço e persistência. Incentive-os a abraçar os desafios como oportunidades de crescimento e aprendizagem, em vez de evitá-los por medo do fracasso.

2. **Elogiar o processo em detrimento dos resultados:** Concentre-se em elogiar os esforços, as estratégias e o progresso das crianças, em vez de apenas nas suas realizações. Destacar o trabalho árduo, a perseverança e a resiliência, reforçando a ideia de que o sucesso vem do esforço e da melhoria contínua.

3. **Normalize erros e fracassos:** Ajude as crianças a compreender que cometer erros e experimentar fracassos são partes naturais e essenciais do processo de aprendizagem. Incentive-os a ver os contratempos como oportunidades de aprender, crescer e

melhorar, e não como indicadores da sua inteligência ou valor.

4. **Incentive o amor pela aprendizagem:** Promova o amor pela aprendizagem nas crianças, incentivando a curiosidade, a exploração e a curiosidade intelectual. Ofereça oportunidades para que eles busquem seus interesses, façam perguntas e se envolvam em experiências práticas de aprendizagem que despertem sua paixão por aprender.

5. **Ensine o poder do ainda:** apresente às crianças o conceito de "ainda", enfatizando que elas podem ainda não ter dominado uma habilidade ou conceito específico, mas com esforço e perseverança, podem melhorar e alcançar seus objetivos ao longo do tempo.

6. **Modele uma mentalidade de crescimento:** seja um modelo positivo para uma mentalidade de crescimento, demonstrando resiliência, perseverança e vontade de aprender e crescer. Compartilhe histórias de seus desafios, contratempos e sucessos e destaque a importância de manter uma atitude positiva e uma mentalidade construtiva para superar obstáculos.

Definir e alcançar metas realistas

1. **Metas SMART:** Ensine as crianças como definir metas SMART – específicas, mensuráveis, alcançáveis, relevantes e com prazo determinado. Ajude-os a identificar metas específicas que desejam alcançar e divida-as em etapas menores e gerenciáveis.

2. **Incentive a apropriação:** Incentive as crianças a assumirem a responsabilidade pelos seus objetivos, envolvendo-as no processo de definição

de metas. Ajude-os a identificar seus pontos fortes, interesses e áreas de melhoria e apoie-os no estabelecimento de metas que se alinhem com suas aspirações e valores.

3. **Fornecer Apoio e Orientação:** Oferecer apoio e orientação para ajudar as crianças a desenvolver planos de acção e estratégias para alcançar os seus objectivos. Divida grandes metas em tarefas menores e realizáveis e forneça recursos, incentivo e responsabilidade ao longo do caminho.

4. **Comemore o progresso:** comemore o progresso e as conquistas das crianças enquanto elas trabalham para atingir seus objetivos. Reconheça seus esforços e marcos e elogie sua dedicação, perseverança e resiliência em superar obstáculos e manter o foco em seus objetivos.

5. **Ajustar e Adaptar:** Incentive as crianças a serem flexíveis e adaptáveis no seu processo de definição de metas. Ajude-os a reconhecer quando ajustes podem ser necessários e incentive-os a revisar suas metas ou planos de ação conforme necessário, com base em mudanças nas circunstâncias ou em novas informações.

6. **Refletir e Aprender:** Incentive as crianças a refletir sobre o seu progresso e experiências à medida que trabalham para alcançar os seus objetivos. Ajude-os a identificar o que deu certo, quais desafios enfrentaram e o que aprenderam com o processo. Incentive a autorreflexão e a autoconsciência para promover o crescimento e a melhoria contínuos.

Ao promover uma mentalidade construtiva e o estabelecimento de metas nas crianças, você as capacita a assumir o controle de seu aprendizado e desenvolvimento pessoal. A sua orientação e apoio desempenham um papel crucial para ajudar as crianças a desenvolver as competências, atitudes e hábitos necessários para estabelecer metas significativas, superar obstáculos e alcançar o sucesso em todas as áreas das suas vidas.

Abraçando o fracasso e aprendendo com os erros

Aceitar o fracasso e aprender com os erros são componentes essenciais do crescimento e desenvolvimento pessoal. Como cuidador ou educador, é importante ensinar às crianças que o fracasso não é algo a ser temido ou evitado, mas sim encarado como uma parte natural e necessária do processo de aprendizagem. Nesta seção, exploraremos estratégias práticas para normalizar o fracasso como parte da aprendizagem e incentivar a reflexão e a adaptação nas crianças.

Normalizando o fracasso como parte da aprendizagem

1. **Reformule o fracasso como feedback:** Ajude as crianças a compreender que o fracasso não é um reflexo do seu valor ou inteligência, mas sim um feedback que pode ajudá-las a

aprender e a crescer. Incentive-os a ver os contratempos como oportunidades para identificar áreas de melhoria e desenvolver resiliência e perseverança.

2. **Compartilhe histórias pessoais:** compartilhe histórias de suas próprias experiências com fracassos e como você aprendeu e cresceu com elas. Ao normalizar o fracasso e demonstrar que todos às vezes passam por contratempos, você ajuda as crianças a se sentirem menos sozinhas em suas lutas e mais capacitadas para perseverar diante da adversidade.

3. **Comemorar o esforço e o progresso:** Mude o foco dos resultados para o esforço e o progresso, celebrando o trabalho árduo, a perseverança e a resiliência das crianças, independentemente do resultado. Reconheça sua disposição de correr riscos, experimentar coisas novas e aprender com seus erros,

reforçando a ideia de que o esforço e o crescimento são mais importantes que a perfeição.

4. **Incentive a assunção de riscos:** Crie um ambiente de apoio onde as crianças se sintam confortáveis em assumir riscos e tentar coisas novas. Incentive-os a sair da sua zona de conforto, a desafiar-se e a perseguir as suas paixões, sabendo que o fracasso é uma parte natural do processo de aprendizagem.

5. **Forneça feedback construtivo:** ofereça feedback construtivo que se concentre em áreas específicas de melhoria e forneça orientação para o sucesso futuro. Ajude as crianças a identificar o que deu errado, o que aprenderam com a experiência e como podem aplicar esse conhecimento em empreendimentos futuros.

6. **Incentive a resiliência:** ensine resiliência às crianças, ajudando-as a desenvolver habilidades e estratégias de enfrentamento para se recuperar do fracasso. Incentive-os a permanecer positivos, a manter uma mentalidade construtiva e a perseverar diante de contratempos, sabendo que podem superar desafios e ter sucesso no longo prazo.

Incentivando a reflexão e a adaptação

1. **Promova a autorreflexão:** Incentive as crianças a refletir sobre as suas experiências e a identificar o que fizeram bem, o que poderiam melhorar e o que aprenderam com a situação. Forneça instruções ou exercícios de registro no diário para ajudá-los a processar seus pensamentos e emoções e obter insights sobre seus pontos fortes e áreas de crescimento.

2. Reserve um tempo para reflexão: Crie tempo e espaço dedicados para reflexão e autoavaliação nas rotinas diárias das crianças. Isto pode ser feito através de check-ins regulares ou atividades de reflexão no final do dia ou da semana, permitindo que as crianças façam uma pausa, reflitam e estabeleçam intenções para o crescimento futuro.

3. Incentive a Adaptação: Ensine às crianças a importância de se adaptarem às novas circunstâncias e aprenderem com as suas experiências. Ajude-os a identificar estratégias ou abordagens alternativas quando confrontados com obstáculos ou contratempos e incentive-os a serem flexíveis e de mente aberta na resolução de problemas.

4. Destaque as oportunidades de aprendizagem: Ajude as crianças a verem o fracasso como uma oportunidade de aprendizagem e crescimento, em vez de um obstáculo ao sucesso. Destaque as lições valiosas que podem retirar das suas experiências e incentive-os a aplicar esse conhecimento em situações futuras, promovendo um ciclo contínuo de aprendizagem e melhoria.

5. **Modelo de Comportamento Reflexivo:** Seja um modelo positivo para reflexão e adaptação, compartilhando abertamente suas próprias experiências de aprendizagem e crescimento. Demonstre como você reflete sobre seus sucessos e fracassos, ajusta sua abordagem quando necessário e continua a se esforçar para melhorar ao longo do tempo.

6. **Fornecer orientação de apoio:** Ofereça orientação e apoio à medida que as crianças navegam no processo de reflexão e adaptação. Seja paciente e empático enquanto eles lidam com

suas emoções e percepções, e forneça incentivo e garantia de que o fracasso é uma parte natural da jornada de aprendizagem.

Ao normalizar o fracasso como parte da aprendizagem e ao incentivar a reflexão e a adaptação, ajudamos as crianças a desenvolver a resiliência, a perseverança e a mentalidade construtiva necessárias para prosperar num mundo em constante mudança. O seu apoio e orientação desempenham um papel crucial para ajudar as crianças a encarar o fracasso como uma oportunidade de crescimento e a desenvolver as competências e a mentalidade necessárias para superar obstáculos e alcançar o sucesso em todas as áreas das suas vidas.

Incentivando a assunção e exploração saudável de riscos

Como cuidador ou educador, promover a assunção e a exploração saudáveis de riscos é essencial para o desenvolvimento das crianças. Ao encontrar um equilíbrio entre segurança e oportunidades de crescimento e ao incentivar a curiosidade e a exploração, você capacita as crianças a expandir os seus horizontes, a construir confiança e a desenvolver competências críticas para o sucesso. Nesta seção, exploraremos estratégias práticas para promover a assunção e exploração saudável de riscos em crianças.

Equilibrando segurança com oportunidades de crescimento

1. **Estabeleça limites claros:** Estabeleça limites e diretrizes claras para garantir a segurança das crianças,

ao mesmo tempo que permite a exploração e a assunção de riscos dentro desses limites. Comunique claramente as regras e expectativas e forneça supervisão e orientação conforme necessário para ajudar as crianças a navegar em novas experiências com segurança.

2. **Avaliar riscos:** Avalie o nível de risco envolvido em diferentes atividades e ambientes e tome as precauções adequadas para mitigar perigos potenciais. Considere fatores como idade, estágio de desenvolvimento e habilidades individuais ao determinar o nível de supervisão e apoio necessário.

3. **Incentive riscos calculados:** Incentive as crianças a assumir riscos calculados que ofereçam oportunidades de crescimento e aprendizagem, garantindo ao mesmo tempo a sua segurança. Ajude-os a avaliar os riscos e benefícios potenciais de diferentes

atividades e a tomar decisões informadas sobre se devem prosseguir.

4. **Fornecer orientação de apoio:** Ofereça orientação de apoio e incentivo à medida que as crianças navegam por novas experiências e desafios. Esteja disponível para responder a perguntas, tranquilizar e oferecer assistência conforme necessário, ao mesmo tempo que permite que as crianças assumam a responsabilidade pelas suas decisões e ações.

5. **Modelo de comportamento de assunção de riscos:** Seja um modelo positivo para a assunção saudável de riscos, demonstrando disposição para experimentar coisas novas, enfrentar desafios e sair de sua zona de conforto. Compartilhe histórias de suas próprias experiências com tomada de riscos e exploração, destacando as lições valiosas que você aprendeu ao longo do caminho.

6. **Comemore os esforços e o progresso:** Comemore os esforços e o progresso das crianças à medida que elas se envolvem na tomada de riscos e na exploração saudável, independentemente do resultado. Concentre-se no processo e não no resultado e elogie sua coragem, curiosidade e disposição para sair de sua zona de conforto.

Incentivando a curiosidade e a exploração

1. **Crie um ambiente estimulante:** Crie um ambiente que estimule a curiosidade das crianças e incentive a exploração. Forneça uma variedade de materiais, recursos e oportunidades para aprendizagem e descoberta prática e permita que as crianças sigam seus interesses e persigam suas paixões.

2. **Faça perguntas abertas:** Incentive as crianças a fazer perguntas, explorar

ideias e procurar respostas para as suas curiosidades, fazendo perguntas abertas que estimulem a conversa e o pensamento crítico. Promova uma cultura de investigação e curiosidade, incentivando as crianças a questionar, especular e investigar.

3. **Promova brincadeiras ao ar livre:** Incentive brincadeiras e exploração ao ar livre como forma de estimular a curiosidade e a criatividade. Ofereça oportunidades para as crianças explorarem ambientes naturais, participarem de brincadeiras não estruturadas e descobrirem as maravilhas do mundo ao seu redor.

4. **Apoie interesses diversos:** Respeite e apoie os diversos interesses e paixões das crianças, mesmo que sejam diferentes dos seus. Incentive-os a realizar atividades e hobbies que despertem sua curiosidade e lhes tragam alegria, e forneça recursos e

apoio para ajudá-los a explorar ainda mais seus interesses.

5. **Incentive a assunção de riscos na aprendizagem:** Promova uma cultura de experimentação e assunção de riscos na aprendizagem, criando um espaço seguro onde as crianças se sintam confortáveis a tentar coisas novas e a cometer erros. Incentive-os a abraçar desafios, tomar iniciativas e aprender com os sucessos e os fracassos.

6. **Ofereça oportunidades de aprendizagem prática:** Ofereça experiências de aprendizagem prática que permitem que as crianças se envolvam ativamente com materiais, manipulem objetos e experimentem diferentes conceitos e ideias. Ofereça oportunidades de exploração, descoberta e resolução de problemas que incentivem as crianças a pensar de forma criativa e crítica.

Ao encontrar um equilíbrio entre segurança e oportunidades de crescimento e ao incentivar a curiosidade e a exploração, você ajuda as crianças a desenvolver a confiança, a resiliência e as habilidades de pensamento crítico necessárias para navegar pelas complexidades do mundo ao seu redor. O seu apoio e orientação desempenham um papel crucial na promoção de um sentimento de admiração e curiosidade nas crianças e capacitá-las a abraçar novas experiências e desafios com entusiasmo e coragem.

Cultivando habilidades sociais e empatia

Como cuidador ou educador, cultivar habilidades sociais e empatia nas crianças é essencial para o seu desenvolvimento pessoal e interpessoal. Ao ensinar cooperação e colaboração e promover a empatia e a compreensão dos outros, você capacita as crianças a construir relacionamentos significativos, comunicar-se de forma eficaz e navegar nas interações sociais com bondade e compaixão. Nesta seção, exploraremos estratégias práticas para promover habilidades sociais e empatia nas crianças sob seus cuidados.

Ensino de Cooperação e Colaboração

1. **Promova o trabalho em equipe:** Incentive as crianças a trabalharem juntas em prol de metas e objetivos

comuns, promovendo o trabalho em equipe e a colaboração. Ofereça oportunidades para atividades em grupo, projetos e jogos que exijam cooperação e resolução coletiva de problemas.

2. **Modelo de Comportamento Cooperativo:** Seja um modelo positivo de cooperação e colaboração, demonstrando comunicação respeitosa, compromisso e trabalho em equipe em suas interações com outras pessoas. Destaque a importância de trabalharmos juntos em prol de objetivos comuns e de celebrarmos conquistas coletivas.

3. **Atribua tarefas de grupo:** Atribua tarefas ou projetos de grupo que exijam que as crianças colaborem e contribuam com seus pontos fortes e perspectivas únicas. Incentive-os a delegar responsabilidades, comunicar

de forma eficaz e apoiar-se mutuamente na consecução de objetivos partilhados.

4. **Incentive a escuta ativa:** ensine às crianças a importância da escuta ativa para promover a cooperação e a colaboração. Incentive-os a ouvir atentamente as ideias, opiniões e perspectivas dos outros e a expressar os seus pensamentos e sentimentos de forma respeitosa e assertiva.

5. **Resolver conflitos de forma construtiva:** Ajude as crianças a desenvolverem competências de resolução de conflitos, ensinando-lhes formas construtivas de resolver divergências e conflitos que possam surgir durante atividades em grupo. Incentive-os a comunicar abertamente, a ouvir os pontos de vista uns dos outros e a trabalhar no sentido de soluções mutuamente satisfatórias.

6. **Comemore o sucesso da equipe:** Comemore o sucesso dos esforços colaborativos e do trabalho em equipe, reconhecendo e elogiando as contribuições de cada membro da equipe. Destacar os pontos fortes e as conquistas do grupo como um todo, reforçando o valor da cooperação e colaboração na consecução de objetivos partilhados.

Desenvolvendo empatia e compreensão dos outros

1. **Promova a tomada de perspectiva:** Incentive as crianças a considerarem as coisas a partir da perspectiva dos outros, fazendo perguntas como "Como você acha que elas se sentem?" ou "Adivinhe o que eles estão vivenciando?" Incentive-os a ter empatia pelas emoções e experiências dos outros para desenvolver uma compreensão e apreciação mais profundas dos seus sentimentos.

2.   **Modele o comportamento empático:** modele o comportamento empático demonstrando bondade, compaixão e empatia em suas interações com os outros. Mostre às crianças como reconhecer e responder às emoções dos outros com empatia e compreensão e incentive-as a seguir o seu exemplo.

3. **Pratique a Escuta Ativa:** Ensine às crianças a importância da escuta ativa no desenvolvimento da empatia e da compreensão. Incentive-os a ouvir atentamente os pensamentos, sentimentos e experiências dos outros, sem julgamento ou interrupção, e a validar as suas emoções e perspectivas.

4. **Incentive a partilha de perspetivas:** Crie oportunidades para as crianças partilharem os seus pensamentos, sentimentos e experiências com outras pessoas e ouvirem e aprenderem com

as perspetivas dos seus pares. Incentive a comunicação aberta e honesta e promova uma cultura de empatia e compreensão dentro do grupo.

5. **Promova Ações Empáticas:** Incentive as crianças a tomarem ações empáticas para com os outros, demonstrando bondade, compaixão e consideração nas suas interações. Incentive-os a oferecer apoio, assistência e incentivo aos necessitados e a defender outras pessoas que possam estar passando por dificuldades ou adversidades.

6. **Discutir Diversidade e Inclusão:** Facilite discussões sobre diversidade, inclusão e justiça social para ajudar as crianças a desenvolver empatia e compreensão para com pessoas de diferentes origens, culturas e perspectivas. Incentive-os a abraçar a diversidade e a celebrar as qualidades e

contribuições únicas de indivíduos de todas as esferas da vida.

Ao ensinar cooperação e colaboração e promover a empatia e a compreensão dos outros, você ajuda as crianças a desenvolver habilidades sociais essenciais e inteligência emocional que as servirão bem ao longo da vida. Sua orientação e apoio desempenham um papel crucial no cultivo de sua capacidade de construir relacionamentos positivos, comunicar-se de forma eficaz e navegar pelas complexidades do mundo social com bondade, compaixão e empatia.

Enfrentando desafios e adversidades

Enfrentar desafios e adversidades é uma parte inevitável da vida e, como cuidador ou educador, apoiar as crianças em tempos difíceis e construir resiliência face à adversidade é essencial para o seu bem-estar e crescimento. Ao fornecer orientação, incentivo e recursos, você capacita as crianças a superar obstáculos, desenvolver habilidades de enfrentamento e emergir mais fortes e resilientes. Nesta seção, exploraremos estratégias práticas para enfrentar os desafios e as adversidades das crianças sob seus cuidados.

Apoiando as crianças em tempos difíceis

1. **Crie um ambiente seguro e de apoio:** Promova um ambiente seguro e de apoio onde as crianças se sintam confortáveis para expressar os seus pensamentos, sentimentos e preocupações. Deixe-os saber que você está ali para ouvir, apoiar e validar suas experiências sem julgamento ou crítica.

2. **Esteja presente e disponível:** Esteja disponível para as crianças em momentos difíceis, estando presente, atento e respondendo às suas necessidades. Reserve um tempo para conversar com eles regularmente, perguntar como estão se sentindo e oferecer seu apoio e segurança.

3. **Valide os seus sentimentos:** Valide os sentimentos e experiências das crianças, reconhecendo e aceitando as suas emoções sem julgamento. Deixe-os saber que não há problema em ficar triste, com raiva ou com medo e assegure-lhes que você está lá para

apoiá-los em tudo o que eles possam estar passando.

4. **Incentive a comunicação aberta:** Incentive a comunicação aberta criando oportunidades para as crianças se expressarem e compartilharem seus pensamentos e sentimentos. Seja um ouvinte compassivo e forneça um espaço seguro para eles falarem sobre suas preocupações, medos e lutas.

5. **Ofereça apoio prático:** Ofereça apoio prático para ajudar as crianças a lidar com tempos difíceis, tais como fornecimento de recursos, orientação ou encaminhamento para serviços de apoio adicionais, se necessário. Ajude-os a identificar estratégias de enfrentamento saudáveis e práticas de autocuidado para gerenciar o estresse e desenvolver resiliência.

6. **Modelo de comportamentos de enfrentamento saudáveis:** Seja um

modelo positivo para comportamentos de enfrentamento saudáveis, demonstrando resiliência, otimismo e habilidades eficazes de resolução de problemas em sua própria vida. Mostre às crianças como enfrentar os desafios com graça e força e enfatize a importância do autocuidado e da busca de apoio quando necessário.

Construindo resiliência diante da adversidade

1. **Promova uma mentalidade de crescimento:** Promova uma mentalidade de crescimento nas crianças, enfatizando a importância do esforço, da perseverança e do aprendizado com os erros. Incentive-os a ver os desafios como oportunidades de crescimento e aprendizagem, em vez de obstáculos a serem temidos ou evitados.

2. **Incentive habilidades de resolução de problemas:** Ensine às crianças

habilidades de resolução de problemas para ajudá-las a enfrentar desafios e adversidades de forma eficaz. Incentive-os a dividir os problemas em etapas menores e gerenciáveis, debater possíveis soluções e avaliar as consequências de suas ações.

3. **Desenvolva estratégias de enfrentamento:** Ajude as crianças a desenvolver estratégias de enfrentamento saudáveis para gerenciar o estresse e a adversidade. Ensine-lhes técnicas de relaxamento, como respiração profunda ou atenção plena, incentive a atividade física e a expressão criativa e ofereça oportunidades para que se envolvam em atividades que lhes tragam alegria e conforto.

4. **Construir Redes de Apoio Social:** Incentive as crianças a construir redes de apoio social fortes, promovendo relacionamentos positivos com

familiares, amigos, professores e outros adultos de confiança. Ensine-os a buscar apoio quando necessário e incentive-os a oferecer apoio a outras pessoas em troca.

5. **Promova padrões de pensamento resilientes:** Ajude as crianças a desenvolver padrões de pensamento resilientes, desafiando pensamentos e crenças negativas e substituindo-os por outros mais positivos e fortalecedores. Incentive-os a concentrarem-se nos seus pontos fortes e sucessos passados e lembre-os da sua capacidade de superar desafios e adversidades.

6. **Comemore a Resiliência:** Comemore a resiliência e a perseverança das crianças face às adversidades, reconhecendo os seus esforços e conquistas. Destaque seus pontos fortes, resiliência e crescimento,

e reforce sua crença na capacidade de superar desafios e prosperar.

Ao apoiar as crianças em tempos difíceis e ao construir resiliência face às adversidades, você as capacita para enfrentar os desafios da vida com confiança, força e resiliência. A sua orientação, apoio e incentivo desempenham um papel crucial para ajudar as crianças a desenvolver as competências, atitudes e mentalidade necessárias para superar obstáculos e emergirem mais fortes e resilientes do que nunca.

Comemorando sucessos e progresso

Comemorar os sucessos e o progresso é vital para a motivação, a autoestima e o bem-estar geral das crianças. Como cuidador ou educador, reconhecer e celebrar as conquistas e reforçar o comportamento e o esforço positivos são práticas essenciais que ajudam as crianças a sentirem-se valorizadas, motivadas e confiantes nas suas capacidades. Nesta seção, exploraremos estratégias práticas para celebrar os sucessos e o progresso das crianças sob seus cuidados.

Reconhecendo e comemorando conquistas

1. **Reconheça as pequenas vitórias:** comemore até as menores conquistas e marcos para reforçar os esforços e o progresso das crianças. Seja completando uma tarefa, dominando

uma nova habilidade ou demonstrando um comportamento positivo, reserve um tempo para reconhecer e elogiar suas conquistas.

2. **Crie marcadores de marcos:** configure marcadores de marcos ou representações visuais de progresso, como tabelas, gráficos ou adesivos, para monitorar as realizações das crianças ao longo do tempo. Comemore o alcance de cada marco com uma recompensa ou reconhecimento especial para motivar o esforço e o progresso contínuos.

3. **Realizar Cerimônias de Reconhecimento:** Organize cerimônias ou eventos de reconhecimento para homenagear publicamente as conquistas e marcos das crianças. Convide familiares, amigos ou colegas para participarem da celebração e compartilharem suas realizações,

fazendo com que se sintam orgulhosos e apoiados.

4. Reconhecimento Personalizado: Personalize o reconhecimento e a celebração dos interesses, preferências e pontos fortes de cada criança. Adapte recompensas e incentivos para se alinharem com seus objetivos e aspirações individuais, mostrando que você valoriza e aprecia suas contribuições e conquistas únicas.

5. Incentive o reconhecimento dos pares: Promova uma cultura de reconhecimento dos pares, incentivando as crianças a celebrarem os sucessos e realizações umas das outras. Ofereça oportunidades para que eles elogiem, elogiem e encorajem seus colegas, reforçando o comportamento positivo e construindo uma comunidade de apoio.

6. Comemore o esforço, não apenas o resultado: concentre-se em celebrar o esforço e o progresso, e não apenas o resultado. Enfatize a importância do trabalho árduo, da perseverança e da resiliência para alcançar o sucesso e elogie as crianças pela sua dedicação e compromisso em alcançar os seus objetivos.

Reforçando o comportamento e o esforço positivos

1. **Use reforço positivo:** Reforce o comportamento e o esforço positivos com elogios, incentivo e recompensas para motivar o crescimento e o progresso contínuos. Reconheça e celebre exemplos de bondade, generosidade, perseverança e outros comportamentos positivos para reforçar sua importância.

2. **Oferecer Feedback Específico:** Forneça feedback específico e significativo que destaque a ligação entre as ações das crianças e os resultados positivos que alcançam.

Reconheça os comportamentos ou esforços específicos que levam ao sucesso e elogie-os pelas suas contribuições.

3. **Estabeleça expectativas claras:** Estabeleça expectativas claras de comportamento e esforço e comunique-as de forma consistente às crianças. Ajude-os a compreender o que se espera deles e por que isso é importante, e forneça orientação e apoio para ajudá-los a atender a essas expectativas.

4. **Utilize incentivos e recompensas:** Ofereça incentivos e recompensas para reforçar o comportamento e o esforço positivos e motivar as crianças a continuarem a progredir em direção aos seus objetivos. Use uma variedade de recompensas, como elogios verbais, privilégios, adesivos ou fichas, para manter as crianças envolvidas e motivadas.

5. **Incentive a autorreflexão:** incentive as crianças a refletir sobre o seu comportamento e esforço e a reconhecer a ligação entre as suas ações e os resultados que alcançam. Ajude-os a identificar áreas de melhoria e a definir metas para crescimento e desenvolvimento contínuos.

6. **Modelo de Comportamento Positivo:** Seja um modelo positivo de comportamento e esforço, demonstrando bondade, perseverança e uma atitude positiva em suas interações com as crianças. Mostre-lhes a importância de assumir a responsabilidade por suas ações e de se esforçar para melhorar.

Ao reconhecer e celebrar as conquistas e ao reforçar o comportamento e o esforço positivos, você ajuda as crianças a se sentirem valorizadas, motivadas e confiantes em suas habilidades. O seu incentivo e apoio desempenham um papel crucial na promoção de um ambiente positivo e estimulante onde as crianças se sintam capacitadas para atingir o seu pleno potencial e comemorar os seus sucessos ao longo do caminho.

Conclusão

Ao concluir sua jornada explorando como desenvolver a confiança nas crianças, é essencial refletir sobre os pontos-chave discutidos ao longo deste livro e considerar como você pode aplicá-los para apoiar as crianças sob seus cuidados. Desde a compreensão da importância da confiança até o cultivo de habilidades sociais e resiliência, você obteve insights valiosos e estratégias práticas para capacitar as crianças a prosperarem no mundo de hoje. Nesta seção final, resumiremos os pontos-chave abordados e ofereceremos algumas reflexões finais e incentivo para inspirá-lo em sua jornada contínua de nutrir a confiança nas crianças.

Resumindo os pontos principais

Ao longo deste livro, você aprendeu:

- A importância da confiança no desenvolvimento global e no bem-estar das crianças.
- Como definir a confiança e os seus componentes, bem como os benefícios de construir confiança nas crianças.
- Obstáculos comuns que as crianças enfrentam no desenvolvimento da confiança e os factores externos que afectam a sua confiança.
- Estratégias para criar um ambiente de apoio em casa, nutrindo a auto-estima e promovendo uma auto-imagem positiva.
- Técnicas de comunicação eficazes para comunicar positivamente com as crianças e incentivar a abertura e a expressividade.
- A importância de incentivar a independência e a resiliência na tomada de decisões e no ensino de competências de enfrentamento.
- Promover uma mentalidade de crescimento e definição de metas para capacitar as crianças a abraçar desafios e alcançar as suas aspirações.

- Estratégias para abraçar o fracasso como parte natural da aprendizagem e incentivar a reflexão e a adaptação.
- Cultivar a assunção e a exploração saudáveis de riscos, equilibrando a segurança com oportunidades de crescimento e incentivando a curiosidade.
- Desenvolver habilidades sociais e empatia através do ensino de cooperação, colaboração e empatia.
- Enfrentar desafios e adversidades apoiando as crianças em tempos difíceis e construindo resiliência.
- Comemorar sucessos e progressos reconhecendo conquistas e reforçando comportamentos e esforços positivos.

Considerações finais e incentivo

Ao continuar a sua jornada de apoio às crianças na construção de confiança, lembre-se de que cada criança é única e pode exigir abordagens e estratégias diferentes. Seja paciente, flexível e compassivo em suas interações com as crianças e sempre priorize seu bem-estar e crescimento.

Abrace o papel de um modelo positivo, demonstrando confiança, resiliência e empatia em suas ações e atitudes. Suas palavras e comportamentos têm um impacto poderoso no desenvolvimento e na autopercepção das crianças, portanto, esforce-se para liderar pelo exemplo e inspirá-las a atingir seu pleno potencial.

Comemore o progresso e o sucesso das crianças sob seus cuidados, não importa quão pequenas sejam, e incentive-as a comemorar também suas conquistas. Ao promover uma cultura de positividade, apoio e incentivo, você cria um ambiente onde as crianças se sentem valorizadas, motivadas e capacitadas para perseguir os seus sonhos e aspirações.

Lembre-se de que construir confiança nas crianças é um processo contínuo que requer paciência, dedicação e comprometimento. Esteja disposto a adaptar e desenvolver suas estratégias à medida que aprende e cresce junto com as crianças sob seus cuidados e nunca subestime o profundo impacto que você pode ter em suas vidas.

Ao embarcar nesta jornada, saiba que você está fazendo a diferença na vida das crianças que toca, ajudando-as a desenvolver a confiança e a resiliência necessárias para ter sucesso na escola, nos relacionamentos e na vida. Seus esforços são inestimáveis e sua dedicação em nutrir a confiança nas crianças é verdadeiramente louvável.

Com perseverança, empatia e um compromisso constante de apoiar o crescimento e desenvolvimento das crianças, você pode ajudar a moldar um futuro melhor para as gerações vindouras. Obrigado por sua dedicação e paixão em construir confiança nas crianças.

9 798883 725615